Georges d'Avenel

Les assurances sur la vie

Mécanismes de la Vie moderne

 Le code de la propriété intellectuelle du 1er juillet 1992 interdit en effet expressément la photocopie à usage collectif sans autorisation des ayants droit. Or, cette pratique s'est généralisée dans les établissements d'enseignement supérieur, provoquant une baisse brutale des achats de livres et de revues, au point que la possibilité même pour les auteurs de créer des œuvres nouvelles et de les faire éditer correctement est aujourd'hui menacée. En application de la loi du 11 mars 1957, il est interdit de reproduire intégralement ou partiellement le présent ouvrage, sur quelque support que ce soit, sans autorisation de l'Éditeur ou du Centre Français d'Exploitation du Droit de Copie , 20, rue Grands Augustins, 75006 Paris.

ISBN : 978-1979681117

10 9 8 7 6 5 4 3 2 1

Georges d'Avenel

Les assurances sur la vie

Mécanismes de la Vie moderne

Table de Matières

Section I	7
Section II	13
Section III	17
Section IV	23
Section V	27
Section VI	34

Introduction

Il y a quelque cent ans, on était « humain », et volontiers « sensible » ; et, à la vérité, l'égoïsme n'y perdait rien, mais on s'honorait de pleurer sur les maux de ses semblables, comme d'une preuve de « philosophie ». De nos jours, cuirassé d'individualisme, chacun a conscience de l'isolement où se meuvent, quoi qu'elles pensent, disent ou fassent, les pauvres créatures que nous sommes. Et cependant, ni le sentiment de cette solitude des âmes, pareilles à peu près les unes aux autres quoique indéfiniment différentes, si douloureusement ressentie par les meilleurs d'entre nous ; ni le pessimisme de notre philosophie ; ni la violence des divisions politiques ou sociales n'empêchent notre XIXe siècle, auquel on voudrait persuader qu'il est plus égoïste que ses aînés, d'avoir vu naître et grandir une forme du dévouement filial, plus complète qu'aucune de celles que l'on avait jusqu'à lui pratiquées.

Il faut en effet plus d'abnégation pour constituer à vos héritiers, par le paiement d'une prime annuelle, une fortune dont, créateur sacrifié, vous ne verrez jamais un centime, — puisqu'elle ne naîtra que par votre mort, — qu'il ne fallait de désintéressement pour accumuler dans ses propres mains une épargne dont on avait la satisfaction de jouir tout le premier, avant de la transmettre à ses successeurs. Cette thésaurisation *altruiste* revêt le caractère collectif que le temps actuel imprime à ses principales créations. Il se dit aujourd'hui bien des choses folles, mais il se fait bien des choses sages, sans que l'on puisse d'ailleurs apprécier exactement le rapport des premières avec les secondes. A côté du collectivisme obligatoire, qui demeure utopie, s'établit lentement une sorte de collectivisme volontaire. Atome par atome, le monde moderne accomplit sa transformation, insoucieux de ceux qui le voudraient pousser en avant comme de ceux qui s'efforcent de le retenir en arrière.

Qui se serait avisé par exemple, à l'origine des assurances sur la vie, que cette institution pût servir d'instrument au nivellement social ? Depuis la baisse récente du taux de l'intérêt, qui rend difficile l'épargne personnelle, les compagnies se trouvent sollicitées de changer des capitaux en revenus, dans leur rayon de « rentes viagères », presque autant que de transmuer des économies en capitaux. Elles détruisent des fortunes d'une main et en construisent de l'autre, vaporisent des lingots ou cristallisent des parcelles de métal. Le capital parfois se dissout en même temps qu'il se forme, lorsqu'il s'agit de « rentes viagères différées », lorsqu'un individu s'assure, par des versements annuels, un revenu dont il aura la jouissance à partir d'un âge déterminé. Ainsi l'assurance, multipliant l'instabilité naturelle de la propriété, facilite à la fois la constitution de richesses qui n'existent pas encore et la dispersion de richesses qui demain n'existeront plus.

Section I

Quelles que soient les combinaisons multiples qu'elle ait inventées, elle n'exploite encore qu'un petit coin de son vaste domaine, en France du moins, et nous le verrons tout à l'heure. Le principe a certes reçu bon nombre d'applications : les assurances contre l'incendie, contre les risques des transports maritimes ou terrestres, contre les accidents, contre la grêle et la mortalité du bétail, sont là pour en témoigner. Il est susceptible d'en recevoir encore beaucoup d'autres, qui toutes ne sont pas également recommandables. Car s'il existe des assurances contre la casse de divers objets, ou contre le vol et le cambriolage, à côté des industriels qui garantissent les honnêtes gens contre les voleurs, il s'en trouve qui garantissent les voleurs contre les hasards de leurs opérations. Les contrebandiers ont eu des assureurs, les braconniers en ont encore.

L'assurance contre le brigandage, sous forme de prime versée aux brigands, fut d'un usage constant au moyen âge. Elle se généralisa même sur notre territoire au milieu de la guerre de Cent ans. Lorsque la Bretagne fut réunie à la couronne, au XVIe siècle, il s'y percevait, sous le nom de « droit de bris », une assurance payée au duc par les caboteurs pour s'affranchir du pillage légal qui attendait leur navire s'il venait à être jeté sur les côtes par la tempête. Pour atténuer partiellement les désastres du feu, on édictait, en quelques provinces, une mutualité singulière : quand un Alsacien de l'époque féodale était victime d'un incendie, tous les habitants de son village devaient l'aider à relever sa maison.

L'un d'eux s'y refusait-il, l'incendié avait le droit de s'installer chez lui et de l'expulser de sa propre demeure. On était plus avancé sous le rapport des assurances maritimes, bien qu'elles demeurassent très coûteuses, et qu'un banquier du XVIIe siècle dise que « ce sont le plus souvent des procès et non des effets certains. »

Quant à cet ensemble de contrats aujourd'hui connus, faute d'une appellation meilleure, sous le nom d' « assurances sur la vie », bien qu'ils n'aient pas la prétention de prolonger l'existence, plusieurs d'entre eux furent dès longtemps en usage d'homme à homme. Tel négociant du XIVe siècle assurait pour six mois la vie d'un chevalier. En cas de décès de l'assuré pendant ce délai, ses héritiers devaient recevoir de l'assureur une somme fixée à l'avance. Dès 1550 fonctionnaient en Flandre, et surtout en Italie, les assurances dotales, dont les « monts-de-piété » se chargeaient : « Celui qui a une fille, dit un contemporain de Charles. IX, dépose 100 écus le jour de sa naissance, à la charge d'en recevoir 1 000 pour la marier quand elle aura 18 ans. Si elle meurt auparavant, les 100 écus sont acquis au mont-de-piété. » Quelque élevé que fût alors le taux de l'intérêt — environ 8 pour 100 — par le jeu duquel il était possible aux banques de quintupler en dix-huit ans la somme originairement reçue, le succès de l'opération reposait avant tout sur l'excessive mortalité infantile d'autrefois ; de sorte qu'il y avait là plutôt un germe de *tontine*, ou de loterie funèbre, que d'assurance véritable.

Or la tontine, introduite en France sous Mazarin et baptisée ainsi du nom de l'importateur napolitain Lorenzo Tonti, était tout justement le contraire de notre mécanisme contemporain, fondé sur l'affection et sur l'algèbre. Dans la tontine, les morts payaient pour les vivants : dans l'assurance en cas de décès les vivants paient pour les morts. La première a pour but de tirer un bénéfice des malheurs d'autrui, la seconde a pour objet de les atténuer. Par la tontine un certain nombre de gens formaient entre eux une masse commune, que les survivants convenaient de se partager au-delà d'une date fixée. Pour que l'affaire soit fructueuse, il faut que la mort multiplie les victimes. Ainsi, tandis que l'assuré marche vers un résultat sûr, le tontinier ne sait où il va.

Depuis la *tontine royale* de 1653, destinée à fournir des fonds au Trésor, une dizaine d'autres furent successivement créées jusqu'en

1759. En 1788 était érigée la première compagnie française d'assurances sur la vie ; mais, pendant que celle-ci disparaissait après quelques années d'existence, une tontine de triste mémoire, la fameuse « Caisse Lafarge », était fondée par un banquier de ce nom. Prônée par Mirabeau, qui fit entendre en sa faveur une éloquente improvisation, elle fut sur le point d'être adoptée par l'Assemblée nationale comme institution d'utilité publique. Plus de 60 millions furent engagés dans cette spéculation grandiose, calculée sur des prévisions de mortalité tellement considérables que, à les supposer exactes, elles devaient amener la fin du monde en quelques siècles. Pour que l'établissement pût tenir ses promesses, il fallait qu'à l'expiration d'une période de douze ans il n'y eût plus que 10 survivants sur 100 ; ce qui, à moins d'une formidable épidémie, était impossible. Avant que cette démonstration réfrigérante n'eût été faite, le succès momentané de Lafarge avait fait éclore d'autres sociétés analogues : la *Caisse des Artisans*, la *Société numéraire*, la *Tontine du Pacte social*. Malgré la surveillance administrative, à laquelle les tontines furent soumises à partir de 1809, les abus incroyables qui s'y donnaient libre essor, et plus encore leur, principe défectueux, les conduisirent presque toutes à des liquidations désastreuses. Elles eurent au XIXe siècle, en matière d'assurances, le même résultat qu'avait eu au XVIIIe, en matière de banques, le *Système de Law* : celui de compromettre une création bienfaisante et d'en dégoûter pour longtemps le public.

A côté des tontines qui poursuivaient leur carrière aventureuse, et dont la dernière achève présentement de mourir dans l'obscurité, s'étaient cependant créées de véritables compagnies d'assurances, sur le modèle de celles qui fonctionnaient avec succès en Angleterre depuis 1765 : la *Générale*, première en date, débuta en 1819 ; l'*Union* vit le jour l'année suivante.

L'un des objets de leur industrie, les rentes viagères, était vieux comme le monde. Les couvons, les hospices, se chargeaient d'en créer sous l'ancien régime. Pour le faire avec méthode, il fallait apprécier les chances de mortalité à tous les âges, calculer l'équation entre un capital déterminé et une annuité temporaire. L'idée était la même que pour l'assurance en cas de décès, mais retournée. De longs siècles néanmoins se passèrent avant que l'on ne conçût la contre-partie du système, que l'on imaginât le contrat d'économie familiale qui sacrifie le présent à l'avenir. Le plus étrange, c'est que ce dernier fut longtemps prohibé par le législateur, qui, l'assimilant à une gageure, défendait en 1681 de faire aucune assurance de ce genre. « La vie de l'homme n'est pas susceptible de commerce, » disaient un siècle plus tard les commentateurs de cette ordonnance ; « il est odieux que sa mort devienne la matière d'une spéculation mercantile. » Celui qui écrivait cette phrase en 1783 ne prenait pas garde que la rente viagère était bien, pour le constituant, une « spéculation » sur la mort du rentier. Certains jurisconsultes ont les préjugés tenaces : un magistrat de nos contemporains, le procureur général Dupin, n'a jamais voulu démordre de cette idée.

Ce ne fut pas du reste contre le mauvais vouloir des légistes que les sociétés naissantes eurent à lutter, mais contre l'indifférence du public. La *Générale*, qui depuis son origine jusqu'à ce jour, a garanti plus de 2 milliards de capitaux, n'en assurait encore en 1825, cinq ans après sa fondation, que pour 317 000 francs. Quinze ans plus tard, en 1840, au lieu d'une augmentation, c'était un déclin. Les assurances « vie entière » se réduisaient au capital dérisoire de 231 000 francs. « Il semblait permis de désespérer, a dit M. de Courcy, et de proclamer le tempérament français décidément rebelle à celle importation britannique. »

Un progrès fort lent commence à se dessiner à cette époque, grâce à un perfectionnement apporté à l'institution : la participation des assurés aux bénéfices. Les souscriptions atteignirent 7 millions en 1860 ; en 1865, quoique les concurrents se fussent multipliés, elles dépassaient 30 millions ; elles arrivèrent à 60 millions en 1869. Economistes, mathématiciens, romanciers, journalistes, s'occupèrent des assurances ; une revue mensuelle était fondée, puis une librairie spéciale, dont le catalogue grossissait chaque mois. Les capitaux souscrits *par l'ensemble des compagnies* depuis leur fondation jusqu'à 1859 étaient de 354 millions ; le total des contrats était de 400 000 ; en 1880, les contrats étaient au nombre de 400 000, et les capitaux se chiffraient à 4 milliards. A la fin de l'année dernière ils s'élevaient à 10 milliards et demi ; les assurances *en cours*, à cette date, dans les dix-huit sociétés françaises, montaient à 3 milliards 550 millions, les rentes viagères à plus de 53 millions.

S'il a fallu, comme on voit, presque trois quarts de siècle pour que les générations nouvelles comprissent la portée de cette arithmétique de la mortalité, elle est aujourd'hui solidement assise sur ses bases scientifiques, dont le propre est d'affranchir l'assuré des risques qu'il redoute, pour les transférer à l'assureur, qui les recueille, les pèse, les classe dans ses cartons, où ils deviennent sans danger par leur nombre même, leur division, leur équilibre. Ces bureaux, où griffonnent paisiblement des employés sédentaires, sont un laboratoire de confection et de vente d'un vaccin contre le hasard. Cette expression, angoissée d'espérance ou de crainte, qui si souvent revient sur nos lèvres : « Si le hasard veut… », est-il donc possible qu'elle disparaisse ? Le dieu Hasard, l'ancienne *Fortuna*, capricieux et rebelle par définition à tout calcul, cessera-t-il d'en faire à sa volonté ? Les hommes du XXe siècle parviendront-ils à le mettre en cage, à le domestiquer comme ces autres forces de la nature, indomptées naguère, que les hommes du XIXe siècle ont su réduire en esclavage ? Toujours est-il que l'assurance sur la vie a su quelque peu l'apprivoiser, surprendre quelques-uns de ses secrets, et, l'opposant à lui-même, de cinquante mille hasards contraires tirer un millier de certitudes.

C'est là toute l'économie des combinaisons presque innombrables qui garantissent à celui-ci un héritage pour les siens, à celui-là une fortune pour lui-même, ou une dot pour ses enfants, ou un gage pour ses créanciers ; les sommes ou les revenus devant être payés, suivant le gré de chacun, aux uns en cas de vie, aux autres en cas de mort, à moins qu'ils ne préfèrent stipuler une échéance fixe, qu'ils soient morts ou vivants. Toutes les suppositions sont possibles, tous les types d'arrangements sont acceptables, tellement la machine à assurer se prête, docile et comme flexible, à tous les mouvements que l'on exige d'elle. Les deux branches auxquelles se rattachent les divers contrats, — assurances en cas de vie ou en cas de décès, — ont ceci de commun que le dernier soupir des intéressés amène toujours la liquidation de leur engagement et met fin au paiement de leurs cotisations ; ce qu'on exprime par cette formule : « En assurance sur la vie, la mort libère. »

L'assurance en cas de décès, dite de « vie entière », la plus connue, la plus féconde, a pour objet la constitution immédiate du patrimoine de la famille. Elle s'adresse à la classe immense des maris et des pères qui vivent plus ou moins largement, au jour le jour, du produit de leur travail : toute la force intellectuelle de la nation, tous ceux qui sont en train de grandir. La disparition du chef serait pour la femme et les enfants le signal de la décadence, le bail résilié, le mobilier vendu, les serviteurs congédiés, les éducations interrompues, la ruine greffée sur le deuil. L'individu qui, placé dans cette situation périlleuse, n'assure pas aux siens, par des primes annuelles, un capital payable à sa mort est aujourd'hui une exception coupable.

L'épargne ne remplit pas le même rôle : en versant au commencement de chaque année un millier de francs d'assurance, l'homme de 30 ans garantit *dès le premier jour* à ses héritiers plus de 40 000 francs. Il lui faudrait 24 ans pour amasser une somme équivalente, en économisant 1 000 francs par an, qu'il placerait à intérêts composés au taux de 4 pour 100. Qui donc ose se flatter d'avoir devant lui 24 ans de vie ? Durant cette période de 24 années, sur 100 jeunes hommes, âgés aujourd'hui de 30 ans, il en mourra 27. Qui peut avoir la certitude d'être parmi les survivants ? Un calcul analogue est faisable à tous les âges, avec cette nuance qu'à 45 ans par exemple une prime de 1 000 francs n'assure plus tout à fait 26 000 francs, et que, pour épargner ce capital dans les mêmes conditions que ci-dessus, 18 années devraient suffire. Mais à 45 ans on est depuis longtemps engagé sur le mauvais versant de la vie, celui de la descente, de plus en plus rapide et fertile en chutes. A deux sur trois seulement, — 67 pour 100, — parmi ces hommes de 45 ans, il sera donné de passer encore 18 ans sur la terre.

Dans le contrat « vie entière », au lieu de payer annuellement la même somme jusqu'à sa mort, l'assuré peut stipuler des primes variables, croissantes ou décroissantes d'année en année, suivant qu'il prévoit l'augmentation ou la diminution de ses ressources. Il lui est loisible, en ce dernier cas, de borner ses versements à un laps de temps plus ou moins court, — 10, le et 20 ans, — ou convenir que le paiement cessera soit lorsqu'il atteindra lui-même un certain âge, soit lorsqu'une incapacité de travail le réduirait à la gêne. Ce sont là des assurances « à primes temporaires, » qui ne profiteront pourtant qu'aux successeurs de l'assuré. S'il s'agit d'établir ses enfants, il se procurera par le contrat « à terme fixe » des capitaux à une date connue d'avance. Par l' « assurance mixte » il s'en fera garantir le paiement, soit dans le délai convenu, soit à sa mort s'il meurt avant l'expiration du délai. Au lieu d'assurer à d'autres des capitaux, il peut leur assurer des rentes, viagères ou passagères. Au lieu de s'assurer soi-même pour toute la durée de sa vie, on a aussi le droit de n'assurer qu'une tranche de son existence : cinq ou dix ans. Ainsi fera le débiteur au profit d'un créancier, qu'il ne saurait rembourser autrement si la mort survenait avant une certaine époque ; combinaison d'autant moins chère que la période prévue, et par conséquent la responsabilité de la compagnie, sera plus courte.

Telles sont les plus usitées des conventions faites « en cas de décès. » Il en est une foule d'autres dont le montant n'est exigible au contraire que si l'assuré est encore en vie à l'échéance : capitaux ou « rentes différées, » à terme fixe ou incertain, payables au moment où le bénéficiaire en exprime le désir, leur chiffre devant être naturellement plus fort selon que ce désir est exprimé plus tardivement. Quant aux rentes immédiates, rien ne s'oppose à ce qu'elles soient servies à plusieurs personnes simultanément ou successivement, à ce qu'elles s'augmentent ou se réduisent en faveur des unes ou des autres. Même il peut être prévu qu'une portion du capital aliéné sera restituée par les compagnies. Celles-ci escomptent volontiers les nues-propriétés ou les usufruits ; et, suivant le gré des contractants, les échangent tantôt contre des revenus, tantôt contre un capital liquide.

Section II

Il serait intéressant de savoir avec précision par quelles classes sociales l'assurance a été le mieux accueillie. Nos compagnies n'ont publié jusqu'ici aucun travail qui permette de s'en rendre compte. Seule une société étrangère, opérant en France, a indiqué la profession de ceux de ses clients qui ont souscrit dans notre pays des polices de 20 000 francs et au-dessus. Ce sont proprement les aristocrates de l'institution, puisque la moyenne des contrats n'est actuellement chez nous que de 13 500 francs et que les autres nations fournissent des chiffres équivalents ou inférieurs. Sur les 1 550 assurés dont se compose la liste dont je viens de parler, plus de la moitié — 780 — n'ont stipulé que des sommes de 20 000 à 30 000 fr. ; à 600 autres sont garantis des capitaux de 31 000 à 99

000 francs. Il en est 153 de 100 000 à 199 000 fr., 11 seulement de 200 000 à 399 000 francs, 2 de 400 000 et 1 de 500 000 francs : ce dernier est un négociant en vins. Les autres gros souscripteurs sont rentiers, notaires, banquiers et agents d'affaires. La plus forte prime qui ait jamais été, croyons-nous, payée dans le monde est celle d'un commerçant de New-York, qui averse en un chèque à une compagnie américaine la somme de 3 millions de francs sur la tête de plusieurs membres de sa famille. Suivant l'âge des bénéficiaires une semblable prime peut représenter à l'échéance jusqu'à 6 et 8 millions de capital. Ce n'est là qu'un aspect tout fantaisiste de l'assurance, puisqu'elle n'est pas faite pour multiplier l'opulence des millionnaires, mais surtout pour parer à l'indigence des « sans fortune ».

A ce point de vue l'organisme rend en France d'incontestables services, puisqu'il a présentement la charge de fournir à 270 000 familles le modeste capital de 13 500 francs. La clientèle ne descend pas toutefois au-dessous de la petite bourgeoisie. Une société allemande, la *Mutuelle* de Gotha, qui figure parmi les plus anciennes et les plus florissantes de l'Europe, comptait par 1 000 adhérents 308 commerçants, 132 industriels et 293 fonctionnaires. Outre ces catégories, comprenant à elles seules les trois quarts des assurés, on trouvait 54 médecins ou vétérinaires, autant d'aubergistes, 43 employés de chemins de fer et autres entreprises de transport, 17 militaires et pareil nombre d'ingénieurs, 21 artistes, 7 domestiques, 2 ou 3 hommes de lettres et 50 individus sans profession. Si l'on retranchait de cette liste les fonctionnaires de l'Etat et des administrations de chemins de fer — pour lesquels il existe chez nous des caisses de retraites spéciales — je suis d'accord avec M. Chaufton, l'auteur d'un ouvrage aujourd'hui classique sur les *Assurances*, pour estimer que les mêmes proportions se retrouveraient dans le groupe français.

C'est donc en des cercles bien restreints encore que se recrutent les assurés. Par une contradiction apparente, dont les socialistes font grand étalage, ceux qui auraient le plus d'intérêt à créer quelques ressources à leurs veuves, à leurs orphelins, ou à leur propre vieillesse, semblent précisément hors d'état de prendre des engagements et surtout de les tenir. « La caisse d'épargne, la mutualité, disait Proudhon, choses excellentes pour qui, jouissant déjà d'une certaine aisance, désire y ajouter des garanties, demeurent tout à fait infructueuses, sinon même inaccessibles, à la classe pauvre. La sécurité est une marchandise qui se paie comme toute autre, et comme le tarif de cette marchandise baisse, non pas selon la misère de l'acheteur, mais selon l'importance de la somme qu'il assure, l'assurance se résout en un nouveau privilège pour le riche, en une ironie cruelle pour le pauvre. » Et il est très vrai que les compagnies privées, pas plus d'ailleurs que les gouvernements, ne peuvent faire quelque chose de rien, qu'il faut, pour être assuré, apporter une mise à la caisse commune.

Mais ce n'est pas une raison pour que l'institution qui nous occupe ne pénètre pas dans la masse du peuple. Le coût des diverses assurances nécessaires à l'ouvrier a été estimé par un statisticien allemand à 216 francs par an, représentant 0 fr. 70 par jour de travail. Moyennant ce sacrifice, qui, avec les salaires actuels d'un grand nombre d'industries, n'est pas au-dessus des forces du travailleur, celui-ci se garantirait : 1° une rente annuelle de 433 francs pour ses vieux jours ; 2° un secours de 150 francs par an en cas d'infirmités ; 3° une allocation temporaire de 12 francs par semaine en cas de maladie ou de chômage ; 4° en cas de mort prématurée une rente de 500 francs destinée à nourrir et à élever ses enfants jusqu'à l'âge de 16 ans. Ces chiffres ne sont ici donnés que comme type d'un ensemble de primes, susceptibles de varier à l'infini suivant les besoins et les facultés de chacun.

Jusqu'à présent l'ouvrier, le paysan français, ne sont pas assurés. L'esprit de prévoyance ne se manifeste chez eux que sous l'aspect de versements à la caisse' d'épargne. Les titulaires des 8 millions de livrets, entre lesquels se répartissent les 3 milliards 800 millions de francs confiés à ces caisses se recrutent pour la plupart dans les rangs du prolétariat. Chacun d'eux posséderait ainsi en moyenne un capital de 480 francs. On peut aussi considérer comme appartenant à la classe populaire les 180 000 personnes qui reçoivent, de la « Caisse nationale de retraites pour la vieillesse », des arrérages de 32 700 000 francs, soit pour chacune une rente moyenne de 182 francs. Quant à la « Caisse nationale d'assurances », ses opérations sont tout à fait insignifiantes. Bien qu'elle fonctionne depuis vingt-sept ans, elle n'a pas, à l'heure actuelle, pour 3 millions de capitaux souscrits ; et c'est au plus si elle recouvre annuellement pour 60 000 francs de primes.

Mais si nous pouvons nous enorgueillir de ces économies individuelles qui, suintant goutte à goutte de la poche des petits salariés, alimentent l'imposant fleuve d'or que nos caisses d'épargne, où il se jette, peuvent à peine contenir ; si la propriété mobilière et foncière, — minces lopins du sol et titres de rente minuscules, — est plus largement répartie peut-être dans les chambrettes de nos villes et les chaumières de nos champs que dans les logements similaires des autres pays d'Europe, nous devons reconnaître que, sous le rapport de cette épargne collective qu'est l'assurance sur la vie, nos compatriotes viennent à peu près au dernier rang. Je n'envisage pas seulement le chiffre des capitaux assurés, — qui sont en France de 3 milliards et demi, alors qu'ils atteignent 5 milliards en Allemagne, 16 milliards en Angleterre et 30 milliards aux Etats-Unis, — mais surtout le nombre des polices, pour constater que la formation de la fortune par la mise en commun des risques a peu pénétré dans notre démocratie. Proportionnellement à la population, il y a chez nous deux fois moins d'assurés qu'en Allemagne, Suisse, Danemark ou Norvège, trois fois moins qu'on Autriche, en Belgique ou en Hollande.

Avec l'Angleterre aucune comparaison n'est possible : les rentes viagères y sont peu usitées ; toutes les compagnies ensemble n'ont pas de ce chef plus de 23 000 clients, auxquels est due une annuité totale de 26 millions, tandis qu'en France les sociétés privées, jointes à la Caisse nationale, servent 85 millions de francs à 230 000 rentiers. Mais pour les assurances de capitaux, sous leurs formes multiples, notre pays, sur 1 000 habitants, ne possède que 7 assurés ; la Grande-Bretagne en compte 360, plus du tiers de la population : 14 millions et demi d'individus. Deux-sortes de compagnies y fonctionnent : *ordinaires* ou *industrielles*. Les premières ont 1 200 000 clients, auxquels elles garantissent 13 milliards. Les secondes ont quatre fois moins de capitaux et onze fois plus de clients : 13 200 000 assurés pour 3 milliards 200 millions. Le capital moyen des premiers est de 10 500 francs, celui des seconds de 235 francs. La valeur est bien minime encore, le résultat moral est immense. En six ans, de 1887 à 1893, le nombre des petits assurés a passé de 9 à 13 millions dûmes. Que le mouvement continue, et dans moins de vingt ans les liens d'une prévoyance mutuelle uniront, au-delà du détroit, la presque totalité des citoyens. L'Angleterre aura su réaliser par le jeu spontané de la liberté ce que l'Allemagne et l'Autriche cherchent à obtenir péniblement par la main de l'Etat : l'assurance universelle ; le régime où tout travailleur, dès les premiers jours de la jeunesse, jouira de ce luxe inaccessible à ses pères, la certitude du lendemain ; où l'ouvrier ne luttera plus dans la condition du sauvage primitif, dépendant de sa chasse et de sa pêche quotidiennes, victime du besoin le jour où elles ne lui fournissent pas d'aliments.

Jamais nos contemporains ne se pénétreront assez de cette vérité *mathématique* : qu'avec tout le superflu du riche, si exactement rogné qu'on le suppose, il n'y a pas de quoi constituer le nécessaire, à plus forte raison l'aisance du pauvre. C'est la grande vertu de l'assurance de chercher le supplément de bien-être, auquel chacun a le droit de tendre, non dans le dépouillement chimérique de quelques-uns, mais dans l'aménagement plus fécond, dans la trituration plus savante des ressources générales. Le succès en Angleterre des « compagnies industrielles », nom donné à celles qui s'occupent exclusivement des petits capitaux, est venu de ce qu'elles ont imaginé l'assurance à primes hebdomadaires de 10 centimes. Ce mode d'encaissement, le détail infini d'un mécanisme aussi émietté engendre de terribles frais généraux, presque *triples* de ceux des compagnies ordinaires. C'est le grave défaut d'un système encore bien récent. Il est nécessaire que, par des améliorations progressives, il puisse disparaître ou s'atténuer.

Section III

Les assurances ont pour base le calcul des probabilités, appliqué à la durée de la vie humaine, dont la connaissance est fondée elle-même sur la loi de mortalité. C'est là l'élément le plus important dans la confection d'un tarif ; c'est aussi le plus difficile à dégager. La loi de survie n'agit pas avec autant de régularité que la loi de la pesanteur ; elle varie au contraire suivant les nations, les époques, les catégories sociales. La mortalité de 1855 à 1870 n'était pas la même dans les divers pays d'Europe : on constatait annuellement 22 décès pour 1 000 vivants en Angleterre et 30 en Autriche. Des mathématiciens spéciaux appelés « actuaires », de l'anglais *actuary*, sont attachés aux compagnies, avec mission de corriger, contrôler et interpréter sans cesse les renseignements des statistiques sur la longévité.

La plupart des compagnies se trouvent n'assurer que des individus âgés le plus souvent de vingt-cinq ans au moins : or les deux cinquièmes des décès ont lieu avant cet âge, et la mortalité des adultes se trouve n'atteindre que 60 pour 100 du total général. De plus, les assurés ne correspondent pas à une portion quelconque de l'humanité, d'un effectif égal au leur. Soumis à l'examen médical de la compagnie, qui ne les accueille qu'en bonne santé, ils forment un groupe de têtes choisies, dont la mortalité devrait être inférieure à la moyenne. Seulement les assurés bien portants, qui constituent les « bons risques », sont au bout de quelque temps plus disposés à abandonner leurs contrats. Ceux au contraire dont l'état est chancelant sentent mieux la valeur de l'assurance et demeurent. Il se produit ainsi peu à peu une *antisélection naturelle* des clients, par opposition à la *sélection médicale* de la compagnie. Sur 10 000 personnes de 30 ans, il en meurt ; 53 parmi celles qui viennent de s'assurer dans l'année ; il en meurt 87 parmi celles qui sont assurées depuis cinq ans. C'est que, durant une période un peu longue, il y a deux fois plus de résiliations que de décès.

Cet ensemble de statistiques, fondées sur l'expérience, ne pouvait, lors des tâtonne mens du début, guider les compagnies naissantes. Elles ont dû s'en rapporter à des tables consciencieusement établies par leurs auteurs, mais qui, suivant les méthodes de calcul adoptées, aboutissaient à des résultats divergents. Ainsi, sur 1 000 individus nés vivants, il en restait, à l'âge de 50 ans, 297 d'après Duvillard, 390 d'après Deparcieux, 362 d'après Kerseboom, 592 d'après Finlaison, etc. Soit que leurs observations n'eussent pas porté sur un assez grand nombre de têtes, soit qu'elles n'eussent pas été suivies pendant une période assez étendue, les constructeurs de tables se montrèrent optimistes ou pessimistes à l'excès. Les uns, comme Duvillard, favorables à la vieillesse, lui concédaient une faculté de résistance démentie par la réalité, tandis qu'ils avaient fait à l'âge mûr la part trop exiguë ; les autres, comme Deparcieux, nous laissaient subsister avec trop d'indulgence jusqu'à la soixantième année, pour nous faucher, à partir de cet âge, avec une rigueur plus impitoyable que la nature. Au point de vue des compagnies qui font à la fois des assurances en cas de vie et en cas de mort, il pouvait sembler indifférent que la table indiquât, pour certaines périodes, une mortalité trop forte ou trop faible ; ce qu'elles recevaient en moins dans une branche, elles le percevaient en plus dans une autre. Encore faut-il admettre que les deux branches se balancent, ce qui n'est presque le cas nulle part. Les caprices des épidémies auraient du reste pour résultat de déranger souvent cet équilibre : l'influenza de 1889 éprouva beaucoup les sociétés d'assurances, parce qu'elle s'attaqua plus spécialement aux hommes de 30 à 50 ans et qu'elle épargna les vieillards. Les capitaux qu'il fallut débourser durant cet exercice ne furent donc pas compensés par une extinction proportionnelle de rentes viagères.

Quoiqu'elles eussent corrigé les défauts les plus choquants des instruments dont elles continuaient de se servir, et qui remontaient à un siècle et davantage, nos compagnies françaises ne pouvaient ignorer que ces tables, dites « rapides » parce qu'elles exagéraient la brièveté de notre existence, n'étaient pas conformes à la mortalité effective. Le simple rapprochement annuel des décès survenus dans leur clientèle avec le nombre de ceux qui, d'après la prévision des tables, auraient dû se produire, le leur révélait suffisamment. Du chef seul de cette erreur résultait pour les assureurs un bénéfice important, puisque les primes payées d'après des tarifs erronés dépassaient les risques à couvrir. Il n'est que juste d'ajouter que, depuis un bon nombre d'années, ce gain imprévu était partagé avec les assurés sous forme de participation aux bénéfices.

Cette espèce de remboursement ne remédiait pas, toutefois, aux inconvénients du système. Les frais généraux étaient mal répartis entre les « jeunes têtes, » qui payaient trop, et les « têtes âgées, » qui ne portaient pas leur juste poids de ces dépenses accessoires que l'on nomme le « chargement ». Nos quatre principales compagnies ont récemment adopté une table nouvelle, plus exacte que l'ancienne, tirée d'éléments fournis par leurs propres archives, qui se trouve concorder absolument avec celles des sociétés anglaises et américaines. La substitution aurait eu pour effet d'abaisser les tarifs, de rendre l'assurance moins coûteuse, si le taux de capitalisation des « réserves » était resté le même.

Il est ici nécessaire de bien connaître le procédé suivi pour l'établissement des primes, ce que l'on pourrait appeler le « secret de fabrication » s'il s'agissait d'une industrie moins publique. Les tables de mortalité ont révélé aux compagnies les chances que l'homme, à chaque âge, avait de vivre ou de mourir. Elles leur apprennent, par exemple, que l'individu de 30 ans a 9 920 raisons contre 80 de se flatter d'atteindre sans encombre sa trente et unième année. Par conséquent, s'il désire contracter une assurance, en cas de décès, de 10 000 francs, il faudra lui demander 80 francs, — 0 fr. 80 pour 100 francs. Telle serait la « prime pure », le prix de revient du risque, celui par lequel l'assureur est mathématiquement couvert, sans gain ni perte. Il va de soi qu'une pareille certitude de ne rien perdre ni gagner n'est *strictement* vraie qu'à la condition d'assurer un très grand nombre de sujets âgés de 30 ans et de les assurer tous pour une somme uniforme ; puisqu'une compagnie qui garantit à 90 clients un capital de 1 000 francs et à dix autres du même âge un capital de 100 000 francs, est exposée à payer beaucoup plus qu'elle n'a perçu ou à percevoir beaucoup plus qu'elle ne paiera, suivant que les 8 pour 1 000 de sinistres porteront sur les 10 grosses polices ou sur les 90 petites. C'est ce qui arrive annuellement à toutes les compagnies, parce qu'elles ont toutes des assurés de 3 000 francs et des assurés de 300 000, parce qu'aussi le nombre des polices est extrêmement variable suivant les âges et que les chiffres des tables de mortalité ne sont vrais qu'en moyenne. Un particulier qui se ferait pour un an l'assureur d'une trentaine d'amis, en se fondant sur les meilleures statistiques de survie, se livrerait à une spéculation aussi hasardeuse que s'il confiait son argent à la roulette de Monaco.

A la *Générale*, qui possède à peu près 50 000 contrats en cours, sur des têtes échelonnées depuis. 95 ans jusqu'à moins de 20 ans, il n'y a presque pas un âge où le nombre des décès concorde absolument avec la proportion indiquée par les tables. Dans la période où les assurés sont le plus nombreux, de 39 à 49 ans, la mortalité réelle est constamment inférieure ou supérieure à la mortalité présumée. L'année dernière, sur 1 705 personnes de 46 ans, il *devait* en mourir 22 : il en est mort 24. En revanche, sur 1 582 individus de 49 ans, 24 *auraient dû* disparaître dans les douze mois : 21 seulement ont été frappés. L'écart entre les calculs et les faits s'accuse de plus en plus, à mesure que l'on opère sur un groupe plus mince : sur 385 assurés de 66 ans, 29 sont descendus dans la tombe, au lieu de 19 seulement que l'on s'attendait à perdre ; en revanche, sur 265 assurés de 72 et 74 ans, tandis que 23 étaient condamnés, on n'a vu se réaliser que pour 16 d'entre eux les pronostics des actuaires. Mais comme ces pronostics sont rigoureusement déduits d'une longue expérience, il faut bien que celle-ci se charge de les confirmer. Au bout de quelques années les bonnes et les mauvaises chances se balancent.

Puisqu'une somme de 10 000 francs peut être garantie, en cas de décès, à un homme de 30 ans, moyennant une prime de 80 francs, il paraît assez singulier, en ouvrant l'une de ces petites brochures où les sociétés d'assurances consignent le détail de leurs tarifs, d'y constater que le versement annuel exigé d'un assuré de cet âge sera, pour 10 000 francs, de 249 ou 267 francs, c'est-à-dire plus du triple. C'est que les 80 francs dont j'ai parlé correspondent bien au risque actuel, mais non au risque *futur*, qui va chaque année s'aggraver. Par ce seul fait qu'il vit, cet homme de 30 ans est de plus en plus exposé à mourir ; à mesure que devient plus prochaine la probabilité de son trépas, le prix, pour un capital identique, s'élève à 100 francs dès l'âge de 40 ans ; à 50 ans, il est de 154 francs ; à 60 ans, de 293 francs. Il monte, à 70 ans, jusqu'à 627 francs et correspond, à 80 ans, au chiffre énorme de 1 356 francs. Tel serait le taux de la prime « progressive » représentant le risque annuel.

Avec un pareil système, l'assurance eût été décourageante, sinon impossible. Les ressources de la plupart des assurés tendent plutôt à diminuer qu'à s'accroître ; ceux qui atteindraient à la vieillesse se verraient souvent forcés, après de longs efforts, d'abandonner leurs contrats, et, pour nôtre pas exposés à cette extrémité fâcheuse, presque aucun de ceux qui profitent aujourd'hui de cette mutualité prévoyante n'y aurait eu recours. Aussi l'universalité des compagnies ont-elles calculé une prime *moyenne* invariable qui correspond à ce danger variable du décès, et elles ont appliqué cette méthode à toutes les assurances souscrites pour plusieurs années.

Au moment où l'assuré signe sa police, cette prime constante excède le risque annuel ; elle s'en rapproche chaque année, l'égale un instant, puis lui devient de plus en plus inférieure. L'assuré est, dans la compagnie, comme dans une banque le client auquel est ouvert un compte, d'abord créditeur puis débiteur ; l'assureur mettant de côté, dans les premiers temps, la somme nécessaire pour compléter les primes trop faibles des temps à venir. Pour conserver l'exemple que j'ai choisi d'un homme de 30 ans, auquel est garanti un capital de 10 000 fr., le taux de la prime moyenne est de 180 francs. Ce chiffre, que l'assuré paiera uniformément durant toute sa vie, commence par être notablement au-dessus des 80 francs du risque de début ; un peu après la cinquantième année la prime et le risque se trouvent avoir même valeur, mais pour quelques mois seulement. La période de remploi commence et peut aller jusqu'à 85 ans, ou davantage, époque où la prime de 180 francs doit faire face à un risque qui ne vaudrait pas beaucoup moins de 2 000 francs par an. Ce coût élevé des primes, pour les vieillards qui s'avisent trop tardivement de recourir à l'assurance, a même déterminé les compagnies, qui naguère accueillaient les nouveaux clients jusqu'à 65 ans, à fermer leurs portes aux postulants ayant dépassé la soixantaine. Elles estiment qu'il faudrait leur demander trop cher et qu'ils se trouveraient exposés, s'ils avaient le malheur de vivre, à verser beaucoup plus que la somme assurée.

La réunion de tous ces excédents, encaissés pendant les premières années des contrats en cours, forme la « réserve de compensation. » Mathématiquement calculée pour parer, comme nous l'avons vu, aux chances de mortalité, elle dépend en partie du taux d'intérêt que les compagnies en retireront. Ces primes anticipées sont en effet placées aussitôt que perçues, et s'augmentent chaque année de l'intérêt qu'elles produisent, et de l'intérêt des intérêts. On évalue par avance le montant de ces intérêts composés, et, comme la réserve grossira plus ou moins vite suivant qu'elle rapportera un taux plus ou moins élevé, on voit que ce taux de capitalisation influe par là même sur la prime, dont cette réserve forme partie intégrante.

Il est bon de rappeler, pour les lecteurs qui ne sont pas familiers avec la pratique des intérêts composés, que la différence de revenu entre deux sommes, quoiqu'elle paraisse de médiocre importance à l'origine, aboutit, après un laps de temps un peu long, à des écarts immenses : 10 francs ainsi placés formeront au bout de cinquante-cinq ans un total de 50 francs, au taux de 3 pour 100, et au taux de 6 pour 100, simplement *double* du précédent, ils atteindront le chiffre *quintuple* de 246 francs. Jusqu'à ce jour les compagnies françaises calculaient que leurs placements devaient rapporter 4 pour 100 : en réalité, ils rapportèrent davantage et le surplus fut pour elles un profit net. Une différence de 1/2 ou 1 pour 100 constituerait une différence appréciable pour les 1500 millions que représentent aujourd'hui en bloc les réserves de nos 18 compagnies ; seulement la baisse du taux de l'intérêt est venue affecter ces biens, et les quatre grands assureurs : *Générale, Nationale, Phénix, Union*, qui possèdent ensemble 1 200 millions, — soit les quatre cinquièmes par conséquent du total français, — ont décidé de ne tenir compte désormais à leurs placements que d'un intérêt de 3 1/2, au lieu de 4 pour 100. « C'est à peine, disent-ils, si le taux de 3 1/2 pour 100 pourra être obtenu tant que les valeurs mobilières resteront aux cours actuels ou continueront de monter. » Cette affirmation, il faut l'avouer, est contestable. La vérité me paraît être que le taux de 4 pour 100 peut encore être *obtenu*, mais qu'il ne peut plus être *dépassé*. Avec des tarifs calculés sur l'ancienne capitalisation des réserves à 4 pour 100, il n'y a plus en effet aucun profit à prévoir sur le chapitre des placements ; sur le chapitre de la mortalité il n'y en a pas davantage avec les nouvelles *tables exactes* substituées depuis un an aux anciennes *tables fautives*.

Section IV

On a remarqué que, tout en s'attachant à évaluer aussi exactement que possible, par les tables de mortalité, les risques qu'elle prend à sa charge, toute compagnie se trouvait exposée à ce que certaines catégories, où les capitaux sont très inégalement répartis entre les diverses têtes, la constituent en gain ou en perte, suivant que les sinistres frappent les petits assurés ou les gros. Poursuivant son rôle de destructeur acharné du hasard, l'assureur le chasse ici encore de son domaine en repassant, en *réassurant*, à des confrères une part des capitaux dont il s'est chargé lorsqu'ils excèdent un certain chiffre, — 400 000 francs dans les principales sociétés, 200 000 dans les autres. — La *Générale* paie ainsi à d'autres compagnies près de 900 000 francs par an ; elle reçoit d'autre part de ses voisines, pour les portions de risques dont elle les soulage, une annuité importante qui se confond dans les 34 millions de primes encaissées par elle. Comme les réassureurs demeurent libres de rejeter à leur tour sur d'autres quelque peu du fardeau qu'ils ont assumé, les risques onéreux perdent, en s'éparpillant ainsi, leur caractère aléatoire.

L'assureur, fidèle au même principe, a excepté de sa garantie ordinaire l'exercice des professions dangereuses et le séjour dans les climats meurtriers. Il se couvre de ces chances spéciales en imposant le paiement de « surprimes ». Ces suppléments sont même réglementés avec une minutie un peu puérile. Qu'une surprime professionnelle soit exigée seulement des aéronautes de métier, comme fait une compagnie étrangère, ce n'est là qu'un détail sans importance : en France la liste des surcharges imposées à des classes nombreuses d'assurés est certainement arbitraire. De même pour les « surprimes de voyage ». Dans une nation aussi peu errante que la nôtre, il semble superflu d'interdire, comme font les polices, les « pays inexplorés » : je serais curieux de savoir combien nos compagnies ont perdu de clients en Asie centrale ou en Patagonie. On peut, sans encourir la déchéance de son contrat, mourir en Egypte en deçà de la première cataracte du Nil d'un bout de l'ai niée à l'autre, et du 1er octobre au 1er avril, entre la première et la deuxième cataracte. Plus généreuses, certaines compagnies permettent en toute saison l'approche de cette seconde cataracte. Mais il n'est pas de surprime qui puisse garantir le montant de son assurance à l'un de nos compatriotes qui décéderait au-delà de la quatrième cataracte. Le voyage en Palestine n'est libre aussi qu'en certains mois. D'autres pays ne sont exempts que jusqu'à tel degré de longitude ou de latitude. Parmi ceux qui sont taxés, il ne semble pas que le Mexique, où la surprime est. de 4 pour 100, soit beaucoup plus funeste aux Européens que la Perse, où elle n'est que de 2 pour 100, ni que le Japon, où elle est de 1 pour 100.

Il est un risque beaucoup plus sérieux, c'est celui de guerre. Jusqu'à 1887 il fut considéré connue absolument inassurable, en France ; du moins, — car il est des pays où, moyennant une taxe supplémentaire de 20 centimes par 100 francs pour les soldats et 40 centimes pour les officiers, payable annuellement jusqu'à 45 ans, — les compagnies assument cette responsabilité. Comparée d'ailleurs à plusieurs autres fléaux qui sont, compris dans la garantie ordinaire, tels que la guerre civile ou les épidémies, la guerre étrangère ne paraît pas, sous le rapport de la mortalité, beaucoup plus redoutable. La guerre d'Italie, en 1859, occasionna moins de décès que le choléra de 1849. Il ne mourut pas plus de Français dans l'expédition de Crimée, en 1851, que durant l'épidémie de 1853. La grande « peste » du XIXe siècle, ce choléra asiatique qui nous vint, en 1832, d'Angleterre et de Russie, après avoir fait périr aux Indes plusieurs millions d'hommes, fut l'auteur d'une hécatombe égale à celle de l'année 1870. La proportion régulière augmenta alors de 6 personnes par 1 000 —, de 22 à 28. — Il est vrai que l'épidémie en général ne choisit pas ses victimes, comme la balle ou l'obus, qui les prennent dans la force de l'âge.

Que vaut cependant, pour l'homme de 21 à 45 ans, une assurance qui disparaît au moment même où elle lui serait le plus précieuse ? Mais comment, répondent les assureurs, s'exposer aux pertes incalculables résultant d'un conflit qui amènerait sur le champ de bataille des milliers de soldats ? Désireuses de satisfaire l'opinion publique, les compagnies se sont mises à l'œuvre : la plupart n'ont abouti jusqu'à présent qu'à des solutions imparfaites. Chez toutes, par le fait seul de la déclaration de guerre, les polices des hommes appelés sous les drapeaux se trouvent suspendues pendant la durée des hostilités et pendant les huit mois qui suivront la signature de la paix ; le soldat venant à mourir dans ce délai étant supposé victime des suites de la campagne. S'ils succombent, les compagnies ne doivent aux héritiers que le prix du rachat de leur contrat, opéré d'office. Pour le titulaire d'une assurance de 50 000 francs, souscrite à 26 ans, qui tomberait sur le champ de bataille à 30 ans, après avoir payé cinq primes, c'est-à-dire 11 300 francs, la valeur du rachat imposé ne s'élèverait pas à 1 000 francs ! C'est à quoi se réduirait l'obligation de l'assureur. Le client n'est-il assuré que depuis moins de trois ans, ses ayants-droit ne recevront rien du tout : les primes seront purement perdues !

Veut-il soustraire les siens à cette fâcheuse éventualité, il devra verser, au moment de rejoindre ; son corps, une surprime qui varie de 10 à 5 pour 100 *du capital assuré*, suivant qu'il sert à l'armée active ou à l'intendance. Moyennant le paiement de cette somme, le contrat demeure en vigueur, mais non pas dans toutes les compagnies : les plus importantes se contentent de former de toutes les surprimes un fonds spécial, destiné à payer les capitaux assurés. Si le montant de cette espèce de tontine produit un excédent, chacun des intéressés en aura sa part ; s'il se solde par une insuffisance, chacun d'eux pourra se trouver réduit, jusqu'à concurrence des deux tiers de son assurance ; ces compagnies ne se rendant, pour leur compte, *responsables que d'un tiers*. Une seule société, à notre connaissance, garantit à ses associés le paiement total de leur contrat ; elle fait mieux, elle leur avance d'office le montant de la surprime de guerre, dans une mesure plus ou moins forte, suivant leur ancienneté. Et, à ceux d'entre eux qui ne voudraient pas profiter de ces dispositions favorables, au lieu du prix de « rachat » de leur police, elle octroie la valeur de « réduction » qui, dans le cas cité plus haut, s'élèverait au triple de la première : 5 700 francs au lieu de 1 900.

Ces termes techniques : « valeur de réduction », « valeur de rachat », demandent une explication. Il est toujours stipulé que si l'assuré, après avoir payé les primes convenues pendant trois ans au moins, cesse ses verse mens, son contrat demeurera valable pour une somme *réduite*, en proportion des débours qu'il a faits. Une personne qui payait, depuis cinq ou dix ans, pour recevoir 50 000 francs au bout de vingt ans, demeurera, si elle s'arrête au quart ou à la moitié du chemin, assurée pour le quart ou la moitié de la somme fixée d'avance : 12 500 ou 25 000 francs. Ces deux chiffres seront, après cinq ou dix ans, la « valeur de réduction » de sa police. S'il s'agit d'un assuré auquel est garanti un capital en cas de décès, la valeur de son contrat réduit dépend, comme la précédente, du nombre de primes acquittées. Un homme de 40 ans qui paye depuis dix ans pour assurer 50 000 francs à sa mort, et qui ne se soucie plus de continuer, demeure néanmoins créancier de la compagnie pour 12 500 francs. C'est à peu près le total des primes perçues.

Mais s'il n'a plus le désir de rester assuré pour une somme quelconque, la compagnie lui escompte en argent comptant cette créance éventuelle, cette assurance tronquée, pour un prix qui varie selon l'âge du client. Il est clair qu'une obligation de payer 12 500 francs, en cas de mort, est à échéance plus lointaine si le sujet a 40 ans que s'il en a 60. La première, étant moins lourde, se rachète moins cher. En restituant ainsi à ceux qui les quittent une portion de ces primes, que nous avons vu précédemment être très supérieures aux risques de début, les compagnies ne leur font pas un bien grand cadeau ; elles auraient pu cependant tout conserver sans injustice, puisque les parties peuvent toujours régler les marchés à leur guise et qu'on ne rend par exemple absolument rien aux contractais dont la police n'a pas une durée minimum de trois ans.

Section V

Le motif de cette exception est fort simple : le bénéfice des assureurs, durant les premières années, est entièrement dévoré par les courtages de leurs agents. Nous n'avons en effet envisagé jusqu'ici que le prix exact du risque, la « prime pure ». Elle s'élève, nous l'avons vu, à 180 francs par an pour garantir en cas de décès 10 000 francs à un homme de 30 ans. Or les quatre grandes compagnies françaises exigent actuellement 207 francs. Cet écart de 87 francs est ce qu'on nomme le « chargement », destiné à faire face aux frais généraux et à constituer le profit des assureurs. Les deux premiers éléments de la prime — risque et réserve — étaient mathématiques : ce dernier est arbitraire.

La prime ainsi *chargée*, c'est-à-dire la « prime brute », celle des tarifs, est soumise à deux influences qui agissent en sens contraire : l'une tend à l'augmenter, c'est l'intérêt des compagnies qui cherchent à réaliser le plus de bénéfices possible ; l'autre tend à la réduire, c'est la concurrence de ces mêmes compagnies entre elles. Il s'établit ainsi un cours des primes d'assurances, comme un cours des marchandises, des effets publics et des actions. L'offre peut avilir ce cours au-dessous de la valeur réelle : alors les assureurs perdent de l'argent et finalement plusieurs succombent. Des réactions se produisent ; les assureurs deviennent plus exigeants, parfois se coalisent : les cours se relèvent, peut-être jusqu'à l'exagération, à moins que de nouveaux venus ne les attaquent encore. Il en est de même dans tous les commerces, et c'est la liberté de l'industrie. Depuis longtemps on admet que 30 pour 100 des primes suffisent à parer aux sinistres annuels et que la réserve des sinistres futurs absorbe 40 pour 100. Il reste donc un excédent de 30 pour 100 pour les frais et les bénéfices. cette proportion se retrouve assez exactement dans la prime de 267 francs que j'ai analysée, ci-dessus.

Ou la constate aussi en dépouillant les comptes de nos compagnies françaises.

Au premier abord, ce gain de 30 pour 100 paraît énorme, mais il n'est qu'apparent. Et d'abord les assureurs s'engagent à le partager avec les assurés, après déduction des dépenses qu'exige le fonctionnement de l'entreprise. Comme ils estiment qu'en aucun cas ces dépenses ne pourront monter à plus du dixième des primes, que par suite il restera 20 pour 100 nets au moins à diviser entre les actionnaires et les clients de la compagnie, ils offrent de réduire d'avance de 10 pour 100 le coût de l'assurance pour ceux qui préfèrent renoncer à toute participation aux bénéfices. En fait les compagnies, les grandes surtout, ont donné plus qu'elles ne promettaient. Elles prennent à leur compte la totalité des frais généraux, bien que ces frais dépassent le plus souvent la proportion indiquée.

Cette double charge aurait eu pour effet de réduire à pou de chose le dividende des actionnaires si, à côté du bénéfice *industriel*, de celui qui résulte proprement des opérations d'assurances, ils n'avaient profité d'un bénéfice *financier*, tiré du placement de leurs réserves, qui leur donnent annuellement un intérêt supérieur à celui qu'exige la capitalisation à 4 pour 100. A la *Générale*, par exemple, ce bénéfice représentait 2 700 000 francs en 1893 et durant les années précédentes : depuis 1894, en raison de la conversion de la rente française 41/2, dont la compagnie possédait une forte quantité, il ne s'élève plus qu'à 1 700 000 francs. Los placements sont donc une partie très importante du mécanisme de l'assurance ; c'est sur elle que le conseil d'administration porte plus spécialement sa surveillance. Ces conseils, où figurent comme membres et comme présidons des personnages portant pour la plupart des noms connus, quelquefois illustres, et dont plusieurs sont à la tête des grandes banques ou des indus-trios vitales du pays, n'ont pas peu contribué, par le prestige de leur situation, à acclimater une institution utile, en rendant au public la confiance que les tontines lui avaient fait perdre, Cette confiance revêt parfois une forme naïve, quand l'assuré d'une compagnie où M. Alphonse de Rothschild est administrateur exige absolument que la signature de ce dernier figure au bas de sa police, persuadé que son contrat acquerra ainsi une vertu spéciale, un supplément de valeur !

L'influence du conseil sur la marche des affaires est pourtant secondaire : c'est au directeur qu'appartient le rôle principal. Ce directeur, que l'on empruntait naguère au Conseil d'Etat, aux finances, à quelqu'une des branches de l'administration officielle, tend de plus en plus à devenir un professionnel, hiérarchiquement choisi parmi les fonctionnaires de sa compagnie, dont il a parcouru les différents grades. Le dernier quart de siècle a fait affluer dans les assurances un bon nombre de personnes que les mouvements politiques avaient évincées du service de l'Etat. Il est telle compagnie que l'on prendrait ainsi pour un ministère tranquille. réactionnaire et élégant. A l'exception des directeurs, dont le traitement, triplé par une part sur les bénéfices, peut atteindre jusqu'à 100 000 francs par an, les employés sédentaires sont assez peu rétribués, mais ils sont sûrs de ce peu. Les inspecteurs et les agents arrivent à des appointements beaucoup meilleurs, mais qui n'ont rien de fixe : le plus clair provient de leurs commissions.

Au chef du bureau de Paris ressortissent des centaines de courtiers, véritables sergents recruteurs de l'humanité assurable ; ceux-ci prennent parfois la qualité d'inspecteurs, pour se faciliter l'accès de certains clients, bien que, sauf un petit nombre de fins limiers, ayant fait leurs preuves et touchant un minimum d'indemnité garantie, la plupart de ces rabatteurs travaillent pour le compte de plusieurs sociétés, et poussent indistinctement le gibier de leur chasse vers celle qui promet de les mieux récompenser. Les courtiers appartiennent à tous les mondes, moyennement aisés ou terriblement besogneux. Il on est de cuistres, il en est de grands seigneurs, de délicats et de « ficelles », de jeunes comme des écoliers, de vieux comme des patriarches. Les affaires devant être recherchées dans tous les milieux, et renouvelées sans cesse pour rajeunir la clientèle, les compagnies ne repoussent personne ; elles ont des affiliés jusque dans les cercles aristocratiques, courtiers occasionnels ou amateurs, courtiers honteux, sourdement détraqués par la gêne, soignant leur devanture et picorant sur leurs relations par l'exercice d'une obligeance lucrative.

En province les courtiers sont ostensiblement agents d'une compagnie déterminée, dont ils font les recouvrements. A la branche « vie » ils joignent, dans les petites localités, l'« incendie »,

Section V

au besoin les « accidents ». Dans de grandes villes, comme Lyon ou Marseille, le portefeuille en cours et le mouvement régulier de contrats nouveaux dont il est l'occasion procurent des situations avantageuses, des 20 et 30 000 francs de recettes aux représentants des principales sociétés. Là-dessus ces personnages privilégiés ont à subvenir de leur poche à des frais de bureau, d'employés, de « sous-agents » dont ils sont responsables. A côté des assureurs de carrière, qui connaissent le métier et s'y consacrent exclusivement, les agents d'arrondissement sont souvent de petits propriétaires, des entrepreneurs ou des architectes, des banquiers modestes, des officiers retraités, des clercs de notaires, commis-greffiers ou voyageurs de commerce : les uns visent, dans cette besogne, le supplément de revenu qu'elle leur procure ; les autres y voient un moyen de nouer ou de maintenir des rapports utiles à leur industrie. Les compagnies, de leur côté, prennent un peu ce qu'elles trouvent : leurs agences sont tantôt disputées par plusieurs candidats, tantôt totalement dédaignées. La mission d'un courtier, qui doit faire l'éducation du public, marteler sans relâche de durs cerveaux pour y faire entrer la notion de l'assurance, et pour cela s'initier d'abord lui-même, puisqu'il est difficile de parler congrûment de ce que l'on ne comprend pas, à des questions complexes, est assez laborieuse.

Ces représentants, de nature aussi composite, sont soudés entre eux par un lien commun : les inspecteurs. La *Générale* en a 25, qui se partagent le territoire, menant une vie nomade, appointés chacun d'une dizaine de mille francs, dont ils laissent la moitié sur les routes, et contrôlés à leur tour par trois inspecteurs généraux. Aux inspecteurs on demande naturellement un degré supérieur d'éducation et de connaissances. Ces places, d'ailleurs très sollicitées et souvent occupées jadis par des gens incompétents, se sont remplies peu à peu d'un cadre de professionnels écrémés dans les bureaux de Paris, portant en province le rayonnement du pouvoir central, et possédant l'esprit d'entregent indispensable au succès.

Il n'y a pas en effet de méthode précise pour conclure des affaires nouvelles, exciter les nonchalants, entraîner les indécis. Il y faut beaucoup d'adresse et de tact. On ne saurait tenir à chacun le même langage : tout dépend de la corde sensible du client, que l'on doit deviner d'abord pour la faire vibrer ensuite. A celui qui songe à sa famille l'assureur conseillera une « vie entière » ; il suggérera une « mixte » à l'égoïste qui songe surtout à lui-même. Il est souvent utile de faire agir des intermédiaires, de les stimuler par un intérêt modique, de risquer à propos de petits cadeaux à la femme, aux enfants de son futur contractant. Cette institution très belle, très noble, de l'assurance ne peut s'implanter, étendre ses racines et ses radicelles dans les couches profondes du pays, que grâce à une foule de moyens accessoires et de « trucs » peu grandioses. Il est pour les assureurs des hasards heureux, des affaires enlevées en quelques minutes, au café, dans la rue. Tel inspecteur fit un jour signer une police sur le parapet d'un pont ; tel autre engage conversation, dans l'express de Marseille, avec un de nos directeurs de théâtre les plus connus, lie connaissance à Dijon et rédige, sur sa table de voyage, un contrat important qui, avant d'arriver à Lyon, était déjà paraphé et classé dans sa serviette.

En général, les négociations sont lentes, et, lorsque, après s'être fait longtemps attendre, l'assuré se décide, c'est quelquefois la compagnie qui le repousse, tantôt pour des causes morales, — vie déréglée, profession peu avouable : — le plus souvent pour des raisons de santé. L'assuré est invité à faire connaître, sur la formule d'adhésion qu'il doit signer, s'il a été réformé du service militaire ; s'il a fait campagne ou résidé hors d'Europe ; s'il a été malade et qui l'a soigné ; s'il est marié, combien d'enfants ; s'il a des frères ou sœurs, leur âge et leur santé ; si ses père et mère vivent encore et comment se porte « toute la parenté ». Le tout afin de pouvoir conjecturer la force probable de résistance au décès qu'offrira le candidat. L'agent qui propose l'affaire adresse en même temps des renseignements confidentiels sur « le but que veut atteindre la personne à assurer, » sur l'origine du contrat. A qui en appartient l'idée ? Est-il le résultat de sollicitations ? L'agent connaît-il depuis longtemps le client ? Est-il son ami, son parent ; a-t-il avec lui des intérêts communs ? Croit-il que cet assuré soit en mesure de payer facilement ses cotisations ? Quand les « interrogants » imprimés ont été remplis, tant bien que mal, et envoyés à la compagnie, celle-ci fait procédera l'examen médical.

Quelle que soit l'importance de la somme, le médecin est tenu de répondre à un questionnaire technique et précis, condensant les résultats de l'auscultation, palpation, percussion, du cœur, de la poitrine, du foie, de l'estomac. S'il s'agit d'une femme, il énoncera « les particularités ou les troubles qui peuvent exister dans les fonctions spéciales à son sexe. » Il tiendra compte des plus minces détails, dira si la force musculaire est normale, si le sujet paraît plus jeune ou plus vieux que son âge ; indiquera s'il y a excès ou insuffisance d'embonpoint, le poids, la taille, la grosseur ; si la personne éprouve « quelque hésitation dans la marche à yeux fermés. » si elle a fait une saison d'eaux minérales, si elle en absorbe habituellement chez elle et lesquelles, etc. Pour les polices supérieures à 20 000 francs il doit se livrer à une critique « uroscopique » du sujet, et prononcer si le liquide est « louable ». Cette visite est payée 10 à 20 francs au médecin accrédité dans le canton, suivant qu'il a mission de pousser plus ou moins loin son analyse.

Une fois qu'il a reçu de l'homme de l'art ce rapport, qui lui parvient sous pli cacheté, sans intermédiaire, le directeur de la compagnie connaît, dans son cabinet, son futur client aussi bien et peut-être mieux que ce dernier ne se connaît lui-même. Or aucune des parties de cette exploration faite sur sa personne et sur son passé n'est indifférente : l'on comprend qu'un phtisique, un ataxique, un diabétique, ne saurait se faire appliquer sans fraude des primes établies pour des individus sains et valides. Si l'on se montrait trop coulant, l'assurance finirait par devenir un sacrement laïque, que les malades se feraient administrer *in extremis*, au profit de leurs descendants. Il semble toutefois qu'après avoir pris les précautions qu'il a jugées utiles à sa sécurité, l'assureur devrait être engagé pour l'avenir d'une façon *irrévocable*. Plusieurs compagnies l'entendent ainsi : deux ans révolus après la signature du contrat, leurs polices deviennent incontestables, quelle que soit la cause qui ait amené la mort de l'assuré, eût-il été tué en duel, se fût-il même suicidé.

Toutes nos compagnies seraient bien inspirées en imitant cet exemple ; elles éviteraient la tentation d'intenter des procès dont le gain fut plus d'une fois scandaleux. On a vu avec étonnement une compagnie en appeler aux tribunaux, parce qu'elle refusait de payer le montant d'une assurance, sous prétexte que le défunt lui avait dissimulé son état morbide : ce qu'elle prouvait par ce fait qu'antérieurement à son contrat *il avait passé un mois aux eaux* et ne l'avait pas révélé en s'assurant. Une autre compagnie refusa d'exécuter un contrat en vigueur pendant huit uns avant la mort du client, en se fondant sur ce que, *seize ans avant son décès*, cet assuré avait eu un accès de délire et un rhumatisme articulaire qu'il n'avait pas déclarés. Le triomphe des compagnies dans de pareils litiges, toujours assez retentissants, est de nature à faire perdre du terrain aux assurances, tandis que la clause d'incontestabilité des polices, après un certain délai, leur donnerait au contraire une force nouvelle.

Quelle que soit au surplus la prudence déployée par les assureurs ils n'empêcheront pas un homme décidé à quitter la vie, et désireux d'enrichir du moins sa famille par sa mort, de souscrire au printemps une police sur sa tête, puis, l'été venu, de partir pour un innocent voyage en Suisse où, le pied lui ayant manqué *par malheur* dans l'ascension d'un glacier périlleux, il demeurera enseveli sous la neige. Ce désespéré obtiendrait le même résultat sans déplacement, rien que par l'absorption d'un plat de champignons vénéneux, *imprudemment* choisis par lui dans la forêt voisine. Il l'obtiendrait en se penchant un peu trop par la fenêtre d'un wagon, sous les tunnels du chemin de fer de ceinture parisien. Comme il est vingt manières de prendre congé volontairement de l'existence, sans suicide apparent, les compagnies ne sont en réalité garanties de ces supercheries tragiques que par le désir commun à tous les êtres de prolonger leurs jours.

Pour ne pas trop rebuter leurs agents, que le refus d'une police proposée décourage, pour lutter surtout avec plus de fruit les unes contre les autres, les sociétés ont été amenées à augmenter à l'envi le taux des commissions. De 30 pour 100 sur la prime de première année, ces commissions se sont élevées à 50, puis à 70 pour 100. Ainsi la concurrence, au lieu de profiter au public par l'abaissement des tarifs, se trouvait, en raison de cette hausse des courtages, uniquement exploitée au profit d'intermédiaires. Mais l'assuré a su s'arranger pour y participer de deux manières, l'assuré parisien surtout : il s'abouche directement avec l'administration, et exige, avant de souscrire une police, la promesse de bénéficier lui-même des remises dont il connaît l'importance.

Cette pratique n'a rien de choquant ; et cette autre ne l'est pas davantage qui consiste, de la part des agents, à se concurrencer vis-à-vis des assurés, en leur offrant d'eux-mêmes une remise sur la première année, qu'ils prélèvent sur leurs courtages. Le système

Section V

est tellement usité, dans les assurances contre l'incendie, qu'il y a aujourd'hui très peu de personnes à ne pas profiter d'une partie, sinon de la totalité, de la remise annuelle de 20 pour 100, concédée par les compagnies aux intermédiaires dans cette branche. En matière d'assurance sur la vie, l'assuré étant toujours libre de verser une deuxième prime ou de s'arrêter, il advient qu'un individu qui ferait la navette entre les diverses sociétés, contractant chaque année une police nouvelle à une nouvelle administration, bénéficiant chaque ; fois du courtage à 70 pour 100, se trouverait assuré pour moins du tiers de la valeur. Sans pousser au maximum l'exercice organisé de cette indélicatesse, on a vu nombre de courtiers, dénués de scrupules, conseiller à leurs clients le rachat des polices pour les assurer à nouveau dans une compagnie rivale. C'est pour obvier à cette instabilité de la clientèle, qui leur impose un accroissement de frais et pèse indirectement sur les clients stables que plusieurs compagnies ont récemment décidé d'échelonner, sur les quatre ou cinq premières années des contrats, le paiement de cette commission effectué jusqu'alors en un seul bloc, au moment de la conclusion de l'affaire.

Section VI

Les compagnies *par actions* ont du reste des dangers plus pressants à conjurer. La lutte très ardente à laquelle elles se livraient les unes vis-à-vis des autres s'est étendue. Les sociétés *mutuelles* sont entrées en scène. A côté des dix-sept compagnies « à entreprise », qui exploitent l'assurance comme une industrie au profit de leurs actionnaires, la vieille Mutuelle normande contre l'incendie, doyenne de toutes les sociétés françaises en cette branche puisqu'elle remonte à 1817, a fondé en 1881 à côté d'elle, au bénéfice exclusif des assurés, la *Mutuelle-Vie* de Rouen, qui rayonne sur toute la France. Il est vraisemblable que la naissance de cette dernière ne fut pas vue de fort bon œil par ses aînées. Elle ne mit pas moins de deux ans à obtenir l'autorisation du Conseil d'Etat, qui lui interdit formellement l'application de tarifs plus avantageux aux assurés que ceux des compagnies existantes, multiplia pour elle les lisières, et lui imposa même la surveillance d'un inspecteur du gouvernement, chef de bureau au ministère du Commerce, qui assiste aux séances du conseil d'administration.

Si l'on examine en bloc la situation de nos dix-sept compagnies par actions, on remarque que le capital *versé* pour elles toutes monte à 50 millions de francs, ayant, produit en 1894 un dividende global d'un peu plus de 9 millions. Mais ce revenu moyen de 18 pour 100 est très diversement réparti. Tous ceux qui ont placé leur argent dans les assurances sont loin d'avoir fait une belle spéculation : sur les dix-sept compagnies, il en est six dont la fondation remonte à une quinzaine d'années et dont les actionnaires, pour un débours de 21 millions de francs, ne touchent pas un centime. Sept autres rémunèrent un capital encaissé de 25 millions par une distribution de 1 200 000 francs de revenus. Enfin les quatre plus anciennes, — *Générale, Nationale, Phénix et Union*, — récompensent par un intérêt annuel d'environ 8 millions, le versement effectif d'une somme inférieure à 4 millions.

Ce versement originaire a naturellement acquis une valeur correspondante aux fruits qu'il a portés. Il représente au cours d'aujourd'hui près de 270 millions ; parce que de 1 000 ou 1 500 francs, prix d'émission, l'action est montée à 10 000, 30 000 et 70 000 francs. Cette estimation, qui résulte de transactions journalières entre particuliers, n'a rien d'excessif. La *Générale*, par exemple, si elle vendait demain les immeubles et les valeurs mobilières qui lui appartiennent, en repassant à une autre compagnie ses engagements et les réserves nécessaires pour y faire face, dont le montant est de 584 millions, réaliserait un gain approximatif de 130 millions. Elle se trouverait donc en mesure de répartir entre ses actionnaires une somme à peu près égale à la cote présente de leurs titres. Mais il suffit de rapprocher ce chiffre de 584 millions d'engagements actuels du capital originaire, pour concevoir que, dans une affaire d'assurance, la garantie des assurés réside principalement dans les réserves qu'ils constituent eux-mêmes, et dans la gestion prudente et habile des administrateurs qui les font valoir.

Cette opinion, aujourd'hui évidente, ne l'était ni en 1820, ni même en 1840. Personne ne croyait alors aux chances de succès de la mutualité dans l'assurance « vie » ; personne en France du moins, puisque partout à l'étranger les mutuelles atteignent ou dépassent, pour le chiffre des capitaux assurés, les sociétés par actions. Chez nous il est fort possible que cette forme de prévoyance défigurée par les tontines, qui lui donnaient un aspect de louche spéculation, eût prospéré moins vite encore, si des capitalistes n'en avaient fait l'objet d'une entreprise honorable. Il arrive parfois que l'on consent à acheter ce que l'on ne s'était pas soucié de recevoir gratis. Personne, jusqu'à 1881, n'ayant institué de mutuelle dans notre pays, on serait fort mal venu de reprocher à nos vieilles compagnies d'assurances des bénéfices loyalement réalisés.

Mais elles ne doivent plus s'attendre aujourd'hui que, après avoir reconnu la parfaite inutilité du capital, les assurés continuent volontiers à lui servir de très grosses rentes. Elles en sont si convaincues que, toutes, depuis longtemps, ont admis le client au partage des profits. Il se plaint toutefois, ce client — et il n'a pas tort — que, pour maintenir sa part sans nuire à celle des actionnaires, on ait exagérément élevé le taux des primes. Le cadeau lui paraît ainsi sortir un peu trop de sa poche. On verra si cette observation est fondée en comparant le coût de l'assurance chez les autres nations avec ce qu'il est en France ! Pour assurer à 30 ans 10 000 francs en cas de décès, il faut payer aux grandes sociétés françaises 267 fr. et seulement 240 fr. en Allemagne, 233 fr. aux Mats-Unis, 228 fr. en Angleterre, 204 fr. en Autriche-Hongrie. Cette différence à notre désavantage ne tiendrait-elle pas à ce que les frais accessoires sont à l'étranger moins lourds, et surtout l'immixtion de l'Etat moins gênante ?

La mutualité, dans ces conditions, a devant elle sur notre territoire un large champ à exploiter. Effacée encore et débutante, la *Mutuelle-Vie* de Rouen ne paraît pas jusqu'ici inquiéter beaucoup ses puissantes devancières. C'est en vain que son inspecteur général, qui joint l'ardeur généreuse d'un apôtre à une intelligence rare de sa profession, se multiplie à travers les départements, le conseil d'administration n'est pas ambitieux, et le portefeuille ne grossit chaque année que d'une façon imperceptible. Mais où la timide Normandie chemine doucement dans l'ombre à tous petits pas, l'audacieuse Amérique se lance en train express à travers l'espace, recherchant le plein soleil et appelant les passants à grand bruit. Plusieurs « mutuelles » des Etats-Unis, colosses de l'assurance, se sont depuis quelques années implantées sur notre sol, frayant leur voie avec une publicité enragée, outrancière, suivant les procédés en usage au-delà de l'Atlantique. Les compagnies françaises ont riposté. On s'est jeté pas mal de brochures à la tête. Le combat s'est poursuivi jusque devant la barre des tribunaux, chargés d'apprécier la légitimité des projectiles, jusque devant le Parlement, où des représentants malavisés ont proposé d'interdire aux compagnies étrangères une industrie dont le libre exercice leur est garanti par les traités internationaux. Et c'est justement ici qu'éclate l'incohérence extraordinaire de notre législation : elle établit un privilège à rebours.

Vers 1874, lorsque fut levée à nos frontières pour tout le monde l'obligation du passeport, ceux qui avaient le malheur d'en exhiber un demeurèrent pendant un an soumis aux formalités d'un visa rigoureux. A tout débarquant du paquebot ou du wagon étranger le douanier demandait : « Comment vous appelez-vous ? — Un tel. — Avez-vous un passeport ? — Non. — Très bien, passez ! » Quelques personnages distingués avouaient-ils ingénument être porteurs de cette pièce officielle : « Ah ! vous avez un passeport ? reprenait le douanier d'un air sévère : c'est bon ! on l'examinera tout à l'heure. » Et l'on poussait le malheureux dans une salle d'attente, où il se morfondait, enfermé à ciel, jusqu'à ce que le train ou le navire se fût intégralement vidé. Puis, tandis que les autres voyageurs vaquaient paisiblement à leurs affaires, le chef de poste faisait comparaître un par un les détenteurs de passeports, s'assurait de leur identité et vérifiait longuement les cachets.

Il en est de même en matière d'assurances : on passe beaucoup plus facilement sans passeports. La réglementation actuelle par l'Etat n'a d'autre effet que de rendre à nos compagnies nationales la concurrence plus difficile avec les étrangères. Sans avoir besoin de beaucoup s'étendre, il est avéré que les sociétés par actions ont rendu des services dans le passé et sont encore des organismes pleins de vigueur ; mais que les mutuelles offrent de plus grands avantages aux assurés, puisqu'elles leur réservent l'intégralité des profits. Sans aller jusqu'à se dépouiller eux-mêmes, les détenteurs de titres seront donc amenés, par la force des choses, à faire une part de plus en plus large à leurs assurés. N'a-t-on pas vu, il y a quelques années, ceux-ci recevoir, sous forme de participation aux bénéfices, à l'*Union* et au *Phénix*, le double et plus du double des actionnaires ?

Section VI

Mais pour lutter avec succès contre des mutuelles qui n'ont pas de capital à rémunérer, et qui de plus peuvent faire rapporter 5 pour 100 à leurs réserves, par des placements hypothécaires qui valent les meilleurs des noires, il faut que nos compagnies françaises jouissent de la même liberté. Il en est une, une seule, à laquelle le gouvernement de Louis XVIII a permis d'acheter des valeurs exotiques. C'est la plus prospère et, loin de solliciter pour elle seule le maintien d'une faveur inique, parce qu'elle est exclusive, le président et le conseil de celle compagnie demandent seulement que le régime plus large sous lequel elle vit devienne le droit commun des assureurs français. Pour moi, je demande davantage : la suppression de la tutelle préventive de l'Etat. Le public doit savoir que la seule garantie réelle c'est, actuellement, l'honorabilité et l'intelligence des administrateurs.

L'Etat, qui ne s'est intéressé aux assurances que pour les écraser d'un lourd impôt, conserve à leur égard les coutumes de la Restauration et du second Empire. Il s'immisce dans leurs tarifs, leur défend de garantir certains risques — le duel par exemple « parce que c'est immoral » — leur impose un emploi très peu productif de leurs fonds, qui occasionne entre elles d'absurdes surenchères sur les terrains parisiens. Tout cela n'empêche pas un malhonnête homme de passer en se jouant à travers les mailles de ce filet de textes si bien tendu ; témoin le président du *Crédit Viager*, condamné à cinq ans de prison après la faillite de cette compagnie, dont il avait follement dissipé l'avoir. Le seul rôle qui incombe à l'Etat, c'est, par une surveillance, purement répressive, d'obliger les compagnies d'assurances à maintenir toujours en lumière une situation que l'opinion se chargera d'apprécier. Et pour nos compagnies, l'indépendance en matière de placements et de réassurances, est le seul moyen pour elles de battre les rivaux étrangers avec leurs propres armes.

ISBN : 978-1979681117

www.ingramcontent.com/pod-product-compliance
Lightning Source LLC
Chambersburg PA
CBHW050250230526
45470CB00005B/2200